# बुके

### [ग़ज़ल-गीत संग्रह]

## कैलाश मिश्र 'दोषी'

दोष तूने ही कराये हैं बहुत, अब ढिंढोरा पीटता हूँ मैं |

नाम के साथ जोड़कर दोषी, स्वयं कहला रहा हूँ मैं ||

इस तरह तेरा अब, हो गया हूँ हम-नाम |

काम सब तूने किये, और दिया मुझको नाम ||

तेरी मर्ज़ी के बिना, हिलेगा क्या पत्ता भी |

ज़िन्दगी तूने ही दी और गुनाहों से भरी ||

तुझी को सौंपता हूँ मैं, ये पुश्तारा गुनाहों का

मगर कहते हो तुम - ठहरो,

भर के ढोलो, कुछ दिनों तक और ||

# क्रम-सूची

# क्रम-सूची

# क्रम-सूची

# क्रम-सूची

# प्रस्तावना

बुके - जी हाँ, बुके यानी गुलदस्ता अर्थात पुष्प-गुच्छ - जिसमें विगत लगभग पचास वर्षों से लेकर अद्यतन विभिन्न - कुछ छोटे -कुछ बड़े - कुछ सादे तो कुछ रंगीन - पुष्प संजोये हुए हैं । सच मानिए , वे भले कुछ कुम्हलाये-से दृष्टिगत हों , पर उनकी भीनी-भीनी सुगंध आज भी उनमें विद्यमान है । उन्हें बड़े यत्न पूर्वक सहेजा एवं संवारा जाकर अब कांपते हाथों से आपको समर्पित है । इस गुच्छ में भले ही जल-कण की बूँदें अप्राप्त हों , पर स्मृतियों के स्नेह-मिश्रित अश्रु- कणों से आप्लावित पुष्प आज भी आपको अवश्य ही आर्द्र कर देंगे - ऐसा मेरा विश्वास है ।

लीजिये- थामिए इस बुके को ।

# पावती (स्वीकृति)

'रात की तन्हाइयों में' जब भी मेरा मानस-मेघ घुमड़ने लगता, मन-मयूर नृत्य हेतु तत्पर होने लगता - तभी पुरवइया बयार से कुछ स्वर लय-बद्ध होते हुए गुंजायमान हो उठते | उन्ही सुरों का संग्रह गीत-ग़ज़ल के पुष्प के रूप में 'बुके' में रखते हुए प्रस्तुत है |

इसके प्रकाशन में - मेरी प्रिय दौहित्री कु. दर्शिता चतुर्वेदी, जो अंतर्राष्ट्रीय कंपनी 'अत्रि-लैब्स' में सी.ई.ओ. है, का समयाभाव में भी किये गए श्रम ने मुझे ऊर्जा दी है, जिसका मैं आशीर्वचनों से साधुवाद व्यक्त करता हूँ | साथ ही नोशन प्रेस के प्रकाशक जी का भी मैं आभारी हूँ, जो जन-जन तक इसे पहुँचाने हेतु कृत-संकल्पित हैं |

- कैलाश मिश्र 'दोषी'

# आमुख

कैलाश मिश्र 'दोषी'

कैलाश मिश्र पिछले पचास वर्षों से दस से अधिक साहित्यिक कृतियों - कहानियां, उपन्यास, नाटक और ग़ज़ल-गीत - के लेखक रहे हैं | उनकी रचनाओं में - 'अधूरे-सपने (कहानी-संग्रह)', 'सोने की हथकड़ियाँ (कहानी-संग्रह)', 'खैराती (लघु उपन्यास)', 'रामबोला (नाटक)', 'आँचल की धूप (नाटक)', 'अधिकार, अवज्ञा एवं सन्मति (एकांकी-नाटक)', 'रावण-गाथा' - शामिल हैं|

# 1. श्री गणेश-वंदना

जन-गण में पूजित गणनायक
एकदंत तुम रहो सहायक |
वक्रतुंड गजवक्र विनायक
धूम्रवर्ण गणपति वरदायक ||

जब शुभारम्भ हो कार्य कोई ,
सब लेते हैं तेरा ही नाम |
यज्ञादिक पूजन कर्मों में ,
प्रथम पूज्य तुम आठों याम ||
विघ्न दूर कर देते हैं सब,
विघ्नराज कर में धर सायक ||

हे लम्बोदर, बतला कैसे ?
भर पाएंगे पेट तुम्हारा |
मंहगा बहुत हुआ है राशन,
प्रश्न है कैसे करें गुज़ारा |
रिद्धि-सिद्धि तेरी दासी हैं,
दीन -दुखी तेरे गुण-गायक ||

तुम मोदक-प्रिय हो पर कैसे ?
तुम्हें खिला पावेंगे हम |
शक्कर मंहगी - है घृत अप्राप्त ,
पूजा कैसे करें हम
बुद्धि हो रही है विकृत अब ,
तीव्र करो हे बुद्धि-प्रदायक ||

जन गण में पूजित गणनायक | एकदंत तुम रहो सहायक ||

# 2. सरस्वती -वंदना

हे सरस्वती , वाणी ऋतंभरा |
माला -पुस्तक -वीणा धरा ||

परम विवेकी हंस है वाहन
नीर-क्षीर का पृथकी तत्क्षण
सद्गुण त्वरित ग्रहण करता है
दुर्गुण- दोष निवारण करा ||

स्फटिकों की माला कर में
वैभव सदा रहे सीमा में
बुद्धिदात्री तुम गायत्री
शक्ति-संयुता अद्भुत अपरा ||

पुस्तक-धारिनि वेद प्रसूता
विद्या-दायिनि , ज्ञान अनूपा
साधनालीन जन हैं तेरे
अनुग्रहों से शोभित धरा ||

वीणा-तंत्री करती वादन
स्वर लहरी में भरती गुंजन
वाद्य-गीत का सुमधुर संगम
सामगीत से हो मन हरा ||

# 3. दुर्गा माता

जगज्जननि जय दुर्गा माता |
जयति - जयति जय दुर्गा माता ||

दया-दृष्टि तेरी हो जाये
निश्चित मन-इच्छित फल पाता ||

सिद्धिदात्री सुखदा अम्बे
तेरे जन ये फिरते भूखे |

क्यों माँ तू पाषाण - हृदय है ?
होंठ हमारे अबतक सूखे |

सुधा-सिन्धु सस्नेह सरस दे,
भव-भय हारिणि पोषक माता ||

असुरों के सिर काट-काट कर
मुंडमाल हैं तूने पहिने |

राक्षस - वृत्ति मिटी नही अब-
तमोशीश फिर लगे उलहने ||

यह वृत्ति निर्मूल ही कर दे
असुर निकंदिनि काली माता ||

जग में फैली है अशांति औ -
दुराचरण का है साम्राज्य |

पर-पीड़ा विश्वासघात है
स्वार्थों में कैसे राम-राज्य ?

शूल इन्हें अब शिव से भर दे -
शुम्भ-विनाशिनि , जग की त्राता ||

त्याग साधना में तपकर ही

बुके

गौरी तू बन गई शिवा ।
दीन - दुखी हम आर्तजनों पर -
कृपा करो तुम रात्रि -दिवा ।।
अरि-संघर्ष विजय का वर दे -
सिंह-वाहिनी शक्ति प्रदाता ।।

❧❧❧

# 4. ॐ भूर्भुवः स्वः

जब चरित्र ही भृष्ट हो उठे
जन अशांति में घिर कैसे रह ?

तब हिमाद्रि के शांतिकुंज से -
स्वर प्रकटा ॐ भूर्भुवः स्वः ॥

जगतीतल का हर घट जब
भर रहा हो स्वार्थों की हाला ।

भौतिकता की दौड़-धूप में
जीवन फिरता हो मतवाला ॥

धर्म हो रहा जब ह्रासोन्मुख
क्षण - प्रतिक्षण हो उठे भयावह ।

उच्च और समवेत स्वरों में,
दिक् गूंजी - ॐ भूर्भुवः स्वः ॥

धर्म-सूर्य की अस्ताचल गति
मोहान्धकार में लुप्त सुमति ।

दुर्लक्ष्यों धन-संग्रह में रति
लोभ नाग सी उठती सम्पति ॥

प्रज्ञा का अवतरण हुआ जब,
वाणी फूटी -भूर्भुवः स्वः ॥

जिस समाज में चौतरफा ही
फैली हो बहुरंगी भ्रान्ति ॥

तब समाज-हित लानी होगी
निश्चित ही युगबोधी क्रान्ति ॥

पर, उद्धार तभी हो सकता

आत्म-कलुष को कर देवें दह ।

युग-सुधार के शंखनाद में ,
ध्वनि फैली ॐ भूर्भुवः स्वः ॥

युग निर्माणी बीड़ा के हित
वेही कर्मठ हाथ बढ़ावें ॥

त्याग साधना में तपकर जो
पर-हित आहुत स्वत्व मिटायें ॥

होता दुष्कर निर्माण बहुत
पर सरल है कितना करना ढह ।

तिनके-तिनके जोड़ बना जो ,
नीड़ मुखर- ॐ भूर्भुवः स्वः ॥

# 5. श्री कृष्ण जी के प्रति

सुन्दर फल ही तो चाहत हैं
उस हित कर्मों का फल रीता |
लीला-रास रचाते फिरते
भूल रहे हम भगवतगीता ||

गीता को कर रखा सुरक्षित
न्यायालय में शपथ-ग्रहण हित
सत्य-सत्य ही बोलूँगा कह,
सब असत्य विक्रीत शब्द-रति

आसन्न मृत्यु रोगी को ही , उपदेश सुनाते हो भयभीता ||
राग नहीं हो , द्वेष नहीं हो
स्थिर-प्रज्ञ बना जो मानव
हर्ष और संतापों में भी
निर्लिप्तता का सदा रहे रव |
आत्म-सत्य अस्तित्व समझकर कर्म-मात्र से ही जग जीता
||

योगी कृष्ण के नाद-योग ने
सम्मोहित करलीं बृजबाला |
बजी बांसुरी वृन्दावन में
बेसुध भागीं छोड़के ग्वाला |

माखन-चोरी कर बतलाते , सारांश दुग्ध का नवनीता ||
श्याम नामतो रखा नहीं था
यह तो रहा है उनका वर्ण |
मोहन नाम नहीं , लीला से

मोहित झूमे , बृजके पर्ण |
राधा-वल्लभ हैं कहलाते , मधुर रूप-रस बृज पीता ||
मुरलीधर गोपाल रहा है
बृज में उनकी सुधि का मर्म |
गिरधर भी तो नाम नहीं था
यह था आपद- रक्षा धर्म |
उस अनाम का गुण संबोधन , गुण बिनु नाम रहा रीता ||

# 6. महावीर स्वामी

हे अर्हन के आराधक साधक ,
इन्द्रिय-जित निष्कामी |

सर्वस्व त्याग कर भी कैसे,
बने हुए हो तुम स्वामी ||

अस्तेय- अपरिग्रह-सत्य-अहिंसा ,
ब्रम्हचर्य के लेकर शस्त्र |

रहे दिगंबर पर दिग्विजयी ,
महावीर - तापस नामी ||

अब गढ़ गए तुम्हारे रूप ,
और मढ़ लिए तुम्हारे चित्र |

हे तीर्थंकर आकर देखो ,
हुआ है यह कैसा विचित्र |

जिन शस्त्रों के बलबूते से ,
बाह्यांतर का सबकुछ जीता |

शस्त्रागार में उन्हें बंद कर,
बने रहे हम अनुगामी ||

प्रेरक हो सम्यक चरित्र के ,
सदाचरण औ शान्ति-सुमति के सम्यक ज्ञानी हो हम बिचरें,
हर समाज में पारा जैसे ,
काम -क्रोध-लोभादि संयमी ,
दर्शन हो छल-छिद्र विरामी |

शक्ति हमें दो बनें जितेन्द्रिय ,
साधक तपी नमामी नमामी ||

# 7. गोस्वामी-तुलसीदास

आरति गोस्वामी तुलसी की ।
आत्मा पिता मातु हुलसी की ॥

जन्मते राम-नाम उच्चारत
रामबोला कह सभी पुकारत ।
गृह-निष्कासित होकर आरत
पालनहारी पार्वती की ॥ आरति गोस्वामी ----

गायत्री-गुरु नरहरि ग्यानी
हुई अयोध्या संस्कार-धानी ।
तुलसीदास नाम सब जानी
गुरु शेष-सनातन काशी की ॥ आरति गोस्वामी----

रामकथा प्रेरक मेघा की
गृह-प्रेरक यादव राजा की ।
पत्नी दिखलाती गुरु-झांकी
जयति-जयति रत्ना विदुषी की ॥आरति-------

चित्रकूट काशी का तापस
अयोध्या में संघर्षों से कस ।
भर छलकाया रामकथा-रस
रामचरित मानस सुकृती की ॥ आरति गोस्वामी -------

हनुमत कृपा-पात्र गोस्वामी
जयति महात्मन संत नमामी ।
रक्षक-धर्म राम अनुगामी
विश्व-वन्द्य जय-जय तुलसी की ॥
आरति गोस्वामी तुलसी की ॥

# 8. याद की डोर (गजल)

याद की डोर पकड़, काश तुम चले आते ।
बुझ रही लौ के दिये , देर तक जले आते ॥
   होतीं बातें बैठे मन -आँगन कोने में ।
   हाथ में चित्र लिए , यूँ न तब छले आते ॥
सूखते बृक्ष में है आस जगी हरियाली
शाख की नीड़ छिपे बाल-खग पले आते ॥
   भोर सूरज घूरा मद्धिम चाँद शरमाया
   कैसे देखें जीभर ,तुमतो दिन ढले आते ॥
अपनी ऊँचाइयों में , रहे होते गर्वित
पर हुए बौने कद पर्वत के तले आते ॥
   एक अंधड़ आया , हैं सहमी सभी बौरें
   कहीं कोयल कूकी , आम तो फले आते ॥
रहेंगी खुली आँखें , ललक अंतिम -पल तक
टेढ़ी गलियों में भटक , भूल से भले आते ॥
   होंठ भूले हैं हँसी, एक युग बीत गया
   रहे एकाकी हम , भीड़ से टले आते ॥
जब न रहेगी चाहत बंद होंगे दरवाजे
थाप दस्तक अनसुनी , हाथ फिर मले आते ॥

# 9. मीत मेरे (गीत)

बीते दिन की सब कथा क्या ,
कह सकोगे मीत मेरे |
कटु जीवन की सब व्यथा क्या ,
सह सकोगे मीत मेरे |

मैं रहा हरदम अकेला
जूझता बियाबान में
और हूँ मैं स्वयं माझी ,
बढ़ रहे तूफ़ान में
अभी डूबी -अभी डूबी,
इस तरह की नाव में चढ़
साथ चल पतवार बन क्या ,
बह सकोगे मीत मेरे |

हर ओर शोर और चकाचौंध ,
पर लगा मुझे है बीराना
जो मिला उसे अपना माना,
पर वही बन गया अनजाना
ऐसी अनजानी दुनियाँ में ,
मेरे डूबे कम्पित स्वर के
बेसुर -लय औ बिना साज क्या ,
रह सकोगे मीत मेरे |

इस धरती पर बँटती आई ,
सदा सुधा औ विष की ज्वाला
कुछ ने झपटा अमृत पिया ,

शेष रह गया विष का प्याला
उस विष के प्याले को लेकर ,
जब मैं गले उतारूँ हँसते
सहला गरल -कंठ मुझको क्या ,
गह सकोगे मीत मेरे |

जीवन मेरा कुछ यों समझो,
चलते चलने का ही एक क्रम
पीड़ित -व्यथित नीर -नयनों के ,
सतत सोखने का है उपक्रम
रुकने पर प्रिय मेरे शव को,
अश्रु गीला कर न दें बस ,
ध्यान रख इतना मुझे क्या ,
दह सकोगे मीत मेरे |

# 10. अपने मन की (गजल)

बात किससे कहें अपने मन की ।
बढ़ रहीं दूरियां अपनेपन की ॥

बोझ है बढ़ रहा , हर दिन दिल पर
बेअसर हैं दवा , रोगी तन की ॥

वैसे कहे जाते हैं,बातूनी
होती हर बात नहीं , सब जन की ॥

बढ़ रहा भीड से है कोलाहल
सबको है चिंता , अपने रन की ॥

चुन गए सब सुमन , सुरभित क्षण के
गंध फैली है किसी उपवन की ॥

सूद देने से ऋण नहीं घटता
वापसी सोचिए असली धन की ॥

नभ पर रवि चमकेगा , निश्चित ही
हैं क्षणिक घोर, घटाएँ घन की ॥

बंद कमरे में हुआ कैदी मन
जिन्दगी भाग रही, हो सनकी ॥

तप रहा है तवे -सा हृदयस्थल
लुढ़की गालों से, बूँदें छनकी ॥

अबतो कागज़ में ही , उडेलेंगे
बात जो भी दिमाग में ठनकी ॥

सो न पायेंगे , आखिरी पल तक
जग रही याद की , चूड़ी खनकी ॥

# 11. उपहार (गीत)

तुमने वचन लिया था मुझसे ,
मैं सौंपूं सुन्दर सौगातें

क्या खोजूं हर दिशि हैं खाली,
जब तुमही उपहार बन गए|

सोचा था पहुँचूँगा तुम तक,
लेकर अतीत के टूटे नाते

हो गया गगनचारी सा मैं ,
क्या उड़ूं पंख ही भार बन गए |

आँखें मूंदी थककर मैंने ,
पर वे स्मृति में आ जाते

सपनों को कैसे त्यागूँ मैं ,
जब तुम ही मनुहार बन गए |

तुम्हें सहेजा है यादों में ,
नेह-निमंत्रित हैं वे रातें

पीर पालकी पर आ बैठी ,
आँसू युगल कहार बन गए |

# 12. प्रतीक्षा (ग़ज़ल)

करके वादा भी वो आ न सके
हम प्रतीक्षा में रहे , जा न सके |

जो मुकद्दर में रहा , मिला उतना
पाना चाहा था बहुत, पा न सके |

रोग ने घेरा , लग गईं बंदिश
सामने है मिठाई , खा न सके |

साज़ बजने लगे , तो थिरके कदम
कंठ अवरुद्ध हुआ , गा न सके |

उनकी मालूम है, असली मंशा
खूब मडराये मगर , भा न सके |

चाँद -तारों के लिए, मचला शिशु
सितारे आसमां से , ला न सके |

पीते ही और तलब , बढती गई
पी के भरपूर भी , अघा न सके |

घुमडी घनघोर घटा , होगी बारिश
टूटा छप्पर है , उसे छा न सके |

उनकी हर बात, मानते थे हम
आज रूठे कैसे , मना न सके |

जो चित्र समाया , मन के भीतर
उसे कागज़ पर हम, बना न सके |

भीगी पलकें ,कैसी मजबूरी
खुलकर तो अश्क भी, बहा न सके |

# 13. वर्जना (गीत)

होठों पर रख उंगली वर्जना तुम्हारी ,
मान लिया अब कैसे,अपना मुंह खोलूँ |
स्वार्थ लपेटे सारे नकली चेहरों को
जान लिया फिर कैसे ? कड़वा सच बोलूँ |
मन आँगन के दर्पण में हो प्रतिबिंबित
हृदय -पात्र में कैसे ? स्मृति का रस घोलूँ |
स्मृतियों ने बरसाया पानी नयनों से
तर उर -अंतर कैसे? भीगे वसन निचोलूँ |
अपनों ने ही वेधा तीखे शूलों से
आहत -विक्षत कैसे? हृदय -घाव धो लूँ |
बीहड़ वन गिरि-श्रृंगों पर चढ़ते विथकित
शूल बिछे मग कैसे ? पग डगमग डोलूँ |
दुर्दिन देख सभी ने कंधे दूर किये
अब बतलाओ किस पर ,सिर रखकर रोलूँ |
साथ सभी ने छोड़ा , घोर अकेलापन
तुम्हीं बताओ कैसे ? खुद का शव ढोलूँ |
पीड़ा जीवन -संगी रह चलती आई
दामन छोड़ूं कैसे ? तेरा ही होलूँ |
आशा छलना बनकर भी, रही प्रतीक्षित
खोले रखकर आँखें , अब जी भर सोलूँ |

❧❧❧

# 14. साध (ग़ज़ल)

साध अबतो रही नहीं बाकी ।
तोड़ सागर चला गया साकी ॥

खोल पिंजरा उड़ा है जो नभ में
खोज अब व्यर्थ है , परिंदा की ।

आज घर में चहल-पहल है बहुत
क्या हुआ? झांकती बूढ़ी काकी ।

बेंत खाते भगा रिक्शा -वाला
रोब बढ़ता पहिन वर्दी खाकी ।

नक़ल पकड़ी थी कल परीक्षक ने
आज दौड़े लड़के ले -ले हाकी ।

उनकी मंशा तो मालूम नहीं
हमने बोझीली नज़रें ताकी ।

अब तो शंका है हर पड़ोसी पर
तार उसके जुड़े न हों पाकी ।

# 15. नाम मिटाया (गीत)

चाह से लिख के तुम्हीं ने तो मेरा नाम मिटाया |
अश्रु ने धोते हुए काजल को ,सभी चिन्ह बहाया |
मिटना तो था ही मुझे ,पानी के बुलबुले की तरह
शिकवा तुझसे बस इतना ही , कि तूने हाथ बढाया |
जीवन ही छलता आया , बहुरंगी तृष्णायें देकर
स्वर्णिम मृग बनकर तूने , क्यों मुझको छालाया |
एक रिश्ता था बना , कलेंडर के एक पन्ने से
उसको अतीत मानकर , मुंह फेर तुमने पलटाया |
आंसू बहते हुए कभी सूख ही जाते 'दोषी '
आके फिर सामने क्यों , आँचल का छोर फैलाया |

# 16. कैसे कहें (ग़ज़ल)

क्या कहें ? कैसे कहें ? किससे कहें ?
मन ये कहता है की, अब कुछ न कहें |

जिनके कानों में, ठुसे हैं फाहा
क्या भला अपनी व्यथा , उनसे कहें |

कैसे सुधरेगी हमारी ये दशा
जो खड़ा सामने है , उससे कहें |

उनकी आदत है भूल जाने की
जब मिलेंगे कभी तो ,फिरसे कहें |

भीड़ उमड़ी है घेर नेता को
अच्छे दिन आयेंगे , कब से कहें |

अब समस्याएं न रहेंगी कुछ भी ,
रखिये धीरज जरा वो ,सबसे कहें |

याद कर लेना कभी फुर्सत में
आज मुंह खोलकर तो , तुमसे कहें |

# 17. चालक के प्रति (गीत)

तीव्र गति दो समय है कम |
दूर -दृष्टि रख पकड़ चक्र -क्रम ||
तीव्र गति दो समय है कम ||

सुखद आगत प्रति आशान्वित
भूलो गत , क्यों है दिग्भ्रम ?

विस्मृति स्वाभाविक प्रकृति है
अपकृत्य की कुछ तो नियति है
डूबे हो पश्चाताप में अब,
नेत्र क्यों हैं आज नम |

कहते हैं रोना व्यर्थ है
पर अश्रु का भी अर्थ है
भूलें बह जाएँगी तब ,
समय स्वयं देगा मरहम ||

धैर्य रखकर सोच कारण
कंटकों का कर निवारण
चोटी पर चढ़ना है तो ,
मत भूलो चींटी का श्रम ||

# 18. नींद नहीं आती
(ग़ज़ल)

नींद हमको नहीं आती ।
याद उनकी नहीं जाती ॥

रात भर जागता दीपक
बुझी अबतक नहीं बाती ॥

भूख से शिशु पड़ा रोता
मां लगाईं नहीं छाती ॥

भूल शायद गए जाकर
कभी भेजी नहीं पाती ॥

कतरी बैठी छत पर
खबर कोई नहीं लाती ॥

है पतझड़ कहाँ अमराई ?
बैठ कोयल नहीं गाती ॥

साख कैसे रहेगी जब
किये वापस नहीं थाती ॥

गिरती सौ बार भी चींटी
चढ़ी कितना गज़ब ढाती ॥

स्नेह - धारा बही नीचे
पुत्र प्रियतर हुआ नाती ॥

है आदत अपनी -अपनी
मांस बकरी नहीं खाती ॥

प्रगति अपनी पंड़ोसी को,
आँख फूटी नहीं भाती ।

# 19. गर्दिश में सितारा (गीत)

कह रहा मन गीत गाओ ,
वक्त की तनहाइयों में ।

दर्द ही जब नाच उठता
बज रही शहनाइयों में ॥

अब कहाँ किसको पुकारें
कौन जो देखेगा मुड़कर ।
जानकर अनजान बन वे
जा छिपे अमराइयों में ॥

अब तो सस्ते हो गए हम
बेज़र खड़े बाज़ार में ।
कर रहे वे दिल का सौदा
बढ़ रही महगाइयों में ॥

घुप अँधेरे में है चाहत
एक मद्धिम रौशनी की ।
ढूँढ़ लूं कोना हृदय का
शेष यदि गहराइयों में ॥

न कह सके कुछ भी दोषी
गर्दिश में सितारा डूबा
झांककर देखेंगे क्या वे
बेखबर अंगड़ाइयों में ॥

# 20. चोट (ग़ज़ल)

खुद ही गिरते हैं कहें, चोट लगी पत्थर से |
वो ही फिरते हैं कहें , ओट लगी पत्थर से ||
                काबिले -गौर बेज़ुबान सही ,गोया पत्थर
            सुनिए फुर्सत में कभी , आती सदा पत्थर से ||
महलों में रहके आप , यह तो न भूलिए -
हम ज़मींदोज़ मगर , नींव बनी पत्थर से ||
                ये न सोचें कि यह पत्थर है , दिल - दिमाग नहीं
                राह दरिया भी बदल जाती, गड़े पत्थर से ||
नाज़ुक मिज़ाज़ पहले से , घायल हुए हैं आज
टूटे हुए दिल पर उन्हें , फूल लगे पत्थर से ||
                गुनाहों का करके ख्याल , वे सिजदा हैं कर रहे
            सिर पीटते हैं सामने , बुत जो बनी पत्थर से ||
मैं गुनहगार नहीं , फिर भी बनाया दोषी
बेवज़ह कोसते हैं कि, खोट लगी पत्थर से ||

# 21. गठरी (गीत)

सुधियों की गठरी है बड़ी ,गाँठ बंध पाती नहीं
मैं भला कैसे भुलाऊं ,काश तुम ही तो भुलाते |
       भाव तेरे शब्द मेरे , हैं गीत कहलाने लगे
    रूँध रहा मेरा गला अब , साथ तो तुम गुनगुनाते ||
कर्त्तव्य - पथ में मिले रज -कण , चाहते श्रम - स्वेद हैं -
भीगने दो स्वयं पथ को , अश्रुओं को क्यों बहाते ?
      मैं धरा की धूल जो , उड़ती पवन - संकेत से ही
    क्यों किसी को देवता कह , तुम धरा से ही उठाते ?
कर्म तो मुझसे बंधे , फिर दोष मुझको क्यों न दो
रोक सकता मैं बता क्या , दोषी कहकर सब बुलाते ?

# 22. ज़ख्म (ग़ज़ल)

ज़ख्म पर मरहम गर लगा न सको
ज़ख्म फिर-फिर कुरेदते हो क्यों ?

ज़िन्दगी बोझ तले दब गई है तो,
धुंधली यादें उकेरते हो क्यों ?

की है कोशिश तुम्हें भुलाने की
मुड़ के हरबार टेरते हो क्यों ?

हमने जब थामा गम का दामन
भरके खुशियाँ बिखेरते हो क्यों ?

दिल का दीवाला पिट चुका है जब
सूद के साथ फेरते हो क्यों ?

उड़ चला दूर आज मन- पंछी
फेंककर जाल घेरते हो क्यों ?

सहते रहकर न उफ़ करे दोषी
गम की बखियां उधेरते हो क्यों ?

# 23. स्वप्न-भंग (गीत)

आशाओं के मेघों में थे
मेरे स्वर्णिम स्वप्न समाये |
आओ बरसो मेघो कुछ यों ,
सराबोर जीवन हो जाये ||

उमड़ - घुमड़ कर जब सिमटे वे ,
मोरों ने सतरंग फैलाये |
चमक -दमक कर निकले बिजली ,
बांह पकड़ भीतर बैठाये ||

हरी चूनरी पाकर पुलकित ,
धरती अपनी मांग सजाये |
दिन- प्रतिदिन औ सुबह -शाम में ,
स्वप्निल आशा नयन बिछाये ||

गरज के बरसे पर वे बादल ,
उर अपने चट्टान छिपाए |
टूट गया भ्रान्ति का मुखड़ा ,
कंकाल-पिंजर पड़े दिखाए ||

चकनाचूर हुए सब सपने ,
सहमी धरती नीर बहाए |
छपरा - खपरा फूट गए जब,
मेघों ने ओले बरसाए ||

# 24. आजिज़ (ग़ज़ल)

भागती भीड़ से खुद बचाना हो |
कमी छिपाने शोर ही मचाना हो ||

जिंदगी में रही मशक्कत यह -
घर में ईंधन हो औ किराना हो ||

उम्र कटती गई है सड़कों पर
आखिरी में कोई ठिकाना हो ||

मुस्कराहट ही लाजिमी यारो
ज़िन्दगी-राज़ जब छिपाना हो ||

कैसे उठ पाएंगी दीवारें
चुनके हर ईंट जब गिराना हो ||

वैसे तो हो गए सभी आकिल
फिरभी घर में कोई सयाना हो ||

चीर दो याद के चित्रित परदे
दो मिटा पूरा जो अफसाना हो ||

जिंदगी जीतती आई अबतक
सोचते हैं उसे कब हराना हो ?

हो गए ज़िन्दगी से अब आजिज़
फिर भी मरने का कुछ बहाना हो |

# 25. शेष रह गया (गीत)

वही कुलीन है विद्वान् वही
है यशस्वी , बलवान वही |
सभी गुणों को किये समाहित,
अब कंचन ही शेष रह गया |

स्वार्थों से पूरित समाज है
रीति -नीति कब प्रीति आज है ?
सीधी राह है चलना दूभर,
अपवंचन ही शेष रह गया ||

कुर्सी- हित यह दौड़- धूप है ,
धन उन्मादी खुली लूट है,
राजनीति जब नीति- शून्य हो,
अभिनन्दन ही शेष रह गया ||

मुस्कानों में है कृत्रिमता ,
व्यापार मिलावट से चलता ,
हास और उल्लास कहाँ है ?
अब क्रंदन ही शेष रह गया ||

समय नष्ट है सप्तपदी में ,
भूलीं वर - वधू प्रतिज्ञाएँ ,
लगती हो जब प्रिय पर-पत्नी ,
गठबंधन ही शेष रह गया ||

भोजन - वस्त्रों की है चिंता
यौवन उदास ढलता जाता
असमय विषाद से म्लान-मुखी ,

अवगुंठन ही शेष रह गया ||

कर्तव्यों की जब इतिश्री हो
परिवार में छीना - झपटी हो
पिता - पुत्र के संबंधों में ,
पद - वंदन ही शेष रह गया ||

वर्तमान गणक सांसों का हो
भविष्य अनिश्चय की कारा हो
ऐसे में तो अब अतीत का ,
अवलोकन ही शेष रह गया ||

# 26. कलमकार बहुत
(ग़ज़ल)

भाव है एक कलमकार बहुत ।
नाव है एक सरित - धार बहुत ॥

जीवन-चौसर में बाज़ी बिछती
दांव है एक असरदार बहुत ॥

संघर्ष - तपन से झुलसा जीवन
छाँव है एक तलबगार बहुत ॥

छोड़ देहात है दौड़ शहर की
गाँव है एक रहनवार बहुत ॥

मित्र का कृत्य शत्रु से बढ़कर
घाव है एक खतावार बहुत ॥

छेनी से पिटी ऊँगली- पीर भुला
मूर्ति है एक शिल्पकार बहुत ॥

भिन्न सूरत पृथक प्रदर्शन है
दृश्य है एक कलाकार बहुत ॥

अब तो सूरज है अस्ताचल में
अंत है एक चमत्कार बहुत ॥

होता गुनाह है जुल्म सहना भी
ठांव है एक गुनहगार बहुत ॥

# 27. अंतर्ध्वनि (गीत)

जीवन के इस दोराहे पर , चलते जाना मुश्किल है |
उन अनजानी राहों पर चल , मंजिल पाना मुश्किल है ||
अधिकाधिक अधिकार मिलें यदि
मिल जावें सुख-सुविधा सारी |
सुपद सुयश भी प्रचुर प्राप्त हो
बढती रहे सम्पदा सारी |
अधिकारों की वृद्धि जिन्हें प्रिय , त्याग-भावना मुश्किल है
||
तू ईमानदार मत झुकना
लोभ,दण्ड, पीडन के आगे |
वक्ष बयार झेलनी होगी
क्यों दुनिया के पीछे भागे ?
पर यह सच दोनों पीढ़ी का, खुश कर पाना मुश्किल है ||
छीनी नहीं अगर है तूने
सुख देगी वह सूखी रोटी |
गिरने की आशंका है यदि
देखी तुमने ऊपर चोटी |
अंगद-पद जम गया धरा पर , जिसे डिगाना मुश्किल है ||
रहो अडिग तुम कर ध्रुव निश्चय
धैर्यवान रह आपद अतिशय |
फाके में भी लोभ न घेरे
तब निखरेगा उज्ज्वल परिचय
सतत सधी उन्नत ग्रीवा है , इसे झुकाना मुश्किल है ||

# 28. याद आये (ग़ज़ल)

आज याद फिर आये |
मेघ गगन घिर छाये ||

बच गया अब डूबता
स्मृति-नौका को पाए |

जीवन रसहीन हुआ
होंठ हास तरसाए |

लगे बड़ी चाहत से
फूल खिले मुरझाये |

पीर बनी अब साथी
नीर नयन छलकाए ||

नाचता होगा वन में
मोर पंख फैलाए |

साथ मंजिल तक देंगे
वायदा ये ठुकराए |

मोड़ लिया मुख तुमने
चित्र सभी पलटाये ||

हुईं जब आँखें गीली
गीत दर्द के गाये |

# 29. बन-फूल (गीत)

मुझसे वेणी या गजरा है गुंथा नहीं
अनबूझा अनजाना-सा बनफूल मैं हूँ |

बहीं भावनाएं इठलाती , थमी नहीं

ऊँची चट्टानों ने रोका , रुकी नहीं

तुम शीतल- धारा वेगमयी , मैं अभिशापित -सा दूर पड़ा
लगे थपेड़े लहरों के ,वह कूल मैं हूँ |

पुष्प क्या उपवन है काँटों से घिरा

फूलों को चुन-चुन आपने आँचल भरा

नाजुक उंगलियाँ छू न लूँ , डर से सिमटती औ सम्हलती
फेंका जिसे है तोड़कर , वह शूल मैं हूँ |

जब भी मेरे गीत तेरे होंठ पर आयें

सूने क्षण में भी लज्जा से नयन झुकायें

शून्य क्षितिज में निश्चित ही , तब अतीत के चित्र तकोगी
आती स्मृति बचपन की , वह भूल मैं हूँ |

वह शाख जो ऊँची उठी लहरा रही है

होकर प्रफुल्लित औ सुवासित भा रही है

पर रही गर्दन झुकाए , राज़ दिल में ही समाये
यह सोचती होगी कभी ,वह मूल मैं हूँ |

बन नहीं पाया अगर सिन्दूर तो क्या

हो गया हूँ अब बहुत मैं दूर तो क्या

तुम कहीं रहो धरती भर में , मेरा अस्तित्व मिलेगा ही
आकाश तक भी जा मिलता , कण-धूल मैं हूँ |

सागर की उत्ताल तरंगें ,रहीं छिपाए मोती

चंचलता में छिपी हुई है, कोई पीड़ा सोती
मझधारा में जीवन- नौका , पता नहीं कब कहाँ मुड़े
जर्जर तूफानी झोंकों से , मस्तूल मैं हूँ ||

# 30. मीठे बोल (ग़ज़ल)

चाह है आके कोई मीठे बोल बोले |
बह जाएँ सभी कड़ुवाहट , अमृत - रस घोले ||
भटके रहकर एकाकी , घुप अन्धकार में
आयें सूर्य - किरण लेकर ,हृदय -द्वार खोले |
घटी है ज्योति आँखों की , लड़खड़ाए कदम
गिरते मेरी बांह पकड़ , संग - संग डोले |
हृदय कमज़ोर ,आघात बहुत लगते आये
फेरकर हाथ वो मेरे , सहलाए फफोले |
तपती रेतीली धरा , पैर तले है आई
अब मिले शीतलता , बरसें न आग के शोले |
हूँ मैं बिखरा जैसे, धूल उड़ी मुट्ठी से
देख ऐसी बदहाली , कहीं छिपकर रोले |
छलकें न भरे आंसू , मुस्काता रहता हूँ मैं
कभी बरसें आँखें , वो खुद को भी भिगोले |
नाचती याद की घुँघरू , नहीं सोने देती
गोद रख सिर दे थपकी , कहे मुझसे सोले |
दे अक्स मेरी पुतलियों को , बैठ सिरहाने
करके आँखें गीली , मेरी नब्ज़ टटोले ||

# 31. अभावों की बाहों में
(गीत)

हूँ अभाव में ही निर्मित मैं ,
औ अपूर्ण है मेरी कहानी |
जीवन मेरा लगता ऐसा ,
हो जैसे यह मरुथल - पानी ||

मिला न मुझको कभी सुगम-पथ ,
चट्टानों पर राह बनाई |
चला अकेला ही सदैव मैं ,
कुहरा भर बदरी घिर आई |

शीतल छाया रही प्रतीक्षित ,
चलता रहा निरंतर मैं
अंधियारे पग की पथरीली ,
पगडण्डी जानी-पहचानी ||

रहा निरंतर आपा-धापा ,
आटे-दाल का चक्कर व्यापा |
देहरी छू न सका पर देखा ,
बचपन , यौवन और बुढ़ापा |

कभी नहीं यह कभी नहीं वह,
कमी सदा ही रहती आई
समझ न पाया यह अबतक मैं ,
कब आई कब गई जवानी ||

अपनों ने मुझको समझाया ,
अबतक नहीं है ठांव बनाया |

बेघरबार बिना बन्धन के ,
फिरते रहना मुझको भाया |

धनाभाव में खोज रहा थल ,
बंजारे - सुख का हूँ भोगी
वहां रुकूँ और नीड़ बनाऊं ,
जहाँ बसी हो प्रीत पुरानी ||

समय रहा कम , आयु रही कम ,
रहा कमी से लड़ने का क्रम |
लीन स्वयं में ,पर जग-हित के ,
कार्य न कर पाया मैं दिग्भ्रम |

अब रहूँ अपूर्ण सदा ही मैं,
औ सहता रहूँ अभावों को
है दृढ़ निश्चय यही कि परहित ,
अबं है विधि की रेख मिटानी ||

है अपूर्ण धरती का मानव ,
यह अभाव का गूँज रहा र व |
ऊपर उठकर देव बने वह ,
पतित हुआ तो कहते दानव |

जब अभाव बाहें छोड़ेगा ,
कैसे कहलायेगा मानव
पूर्ण न प्रिय मुझको तो है अब ,
मंजिल को ही राह दिखानी ||

# 32. जिए होते (ग़ज़ल)

काश तुम आज तक , जिए होते |
दर्द को दूर कर दिए होते ||

गुमशुदा मिल गए हैं, सुख के पल
आँख खुशियों से तर किये होते ||

दर्द की आह निकलती कैसे
होंठ मुस्कान भर लिए होते ||

फूल खिलने लगे हैं गमलों में
चुनके आंचल में धर लिए होते ||

खूब पीते रहे हैं कड़ुवाहट
बूँद मधुरस की कुछ पिए होते ||

ज़िन्दगी भर चुभे रहे नश्तर
आज तो घाव को सिये होते ||

थी सजाई जो लालसा- बाती
स्नेह का तेल भर दिए होते ||

# 33. तुम नहीं रहे (गीत)

जीवन की राहों में चलते रहे बाहें गहे |
मंजिल तो अभी दूर रही , तुम नहीं रहे ||

अट्टालिका चढ़ कल्पना , ताना बुनती थी
कंटकों को बीनकर , मार्ग सुगम चुनती थी |
धुंध आया सामने , थम गए ज़ख्मी कदम
देखते ही देखते , सपनों के महल बहे ||
तुम नहीं रहे ||

जो सोचती थी तुम , वही मैं बात करता था
आँखें नम कर लेतीं , जब मैं कष्ट सहता था |
डूब गए अंतिम बेला में , सम्वेदित स्वर
होंठ तो हिलते रहे , पर शब्द रह गए अनकहे ||
तुम नहीं रहे ||

सागर की उत्ताल तरंगें -सी ,थीं उच्चाकांक्षाएँ
जीवन सुरभित कमल-पुष्प -सा, खिलतीं सुखदा आशाएं
आया भयकर चक्रवात तूफानी अंधड़
पंखुरी सारी बिखर गईं, तिनकों की तरह बहे ||
तुम नहीं रहे ||

जीवन के उत्थान-पतन में , साथ रहीं तुम
झुकी कमर जर्जर काया , पर साथ नहीं तुम
आश्रय किससे मांगूं , सूरज अस्ताचल में
ग्रीष्म -शिशिर -पतझड़ - बसंत , मिलकर सभी सहे ||
तुम नहीं रहे ||

होता जाता सामान्य सहज, सब समय के मरहम से

आतप से झुलसी बगिया में , कोमल किसलय सरसे |
टूटा सन्नाटा उल्लासा की, बजी घंटियाँ
मन-आँगन में नव-आशा के , सुमन लहलहे ||
तुम नहीं रहे ||

# 34. एक दिन (ग़ज़ल)

साल में याद आती रही एक दिन |
ज़िन्दगी मुस्कराती रही एक दिन ||

एक अरसा हुआ तुमको देखे हुए
आस जगकर झुलाती रही एक दिन ||

सो गए अब मित्र सारे बेसुधी में
नाम ले वो जगाती रही एक दिन ||

मावस अँधेरा जा छिपा ओढ़ चादर
रोशनी जब नहाती रही एक दिन ||

हमसफ़र बन खो गए जो मोड़ पर ही
राह कोई बुलाती रही एक दिन ||

गम समुन्दर - सा बढ़कर डुबोने लगा
जब ख़ुशी छटपटाती रही एक दिन ||

ढूंढता उनके निशाँ अँधेरे में
तब शमा जगमगाती रही एक दिन ||

# 35. दिया की बाती (गीत)

रग-रग में स्नेह भर दिया ,
झुकती -उठती फिर शर्माती |
अंतिम श्वासों तक प्रकाश दे,
तिल-तिल जली दिया की बाती ||

जीवन गुप्त रहस्य रहा है
संघर्षों में ही उज्ज्वलता |
कलुष-बीज को निष्कासित कर
प्रकट हुई तू लिए धवलता |
रुक्ष करों से बँट कृश-तन हो ज्योति-रूप धर तुम मुस्काती||
दर्दों से गहरा नाता है
पी होठों से नहीं अघाती |
दिखती यदि पर-पीड़ा तुझको
हृदयंगम करके सहलाती |
जगत-वेदना आत्मसात कर, हँसते-हँसते गीत सुनाती ||

कब किसने तुझको पहिचाना
दर्द रहा तेरा अनजाना |
सिसकी तेरी बनी पहेली
ज्वाला ही तो रही सहेली |
वायु संदेशा पाकर कम्पित , अग्नि-शिखा ने बांची पाती ||
दीपक तो तुझसे ही शोभित
जीवन तेरा परहित अर्पित |
जलती तू है , नाम दिया का
कह न सकी पर मर्म जिया का |

अन्धकार से जूझी निशि-भर , सुन न सकी तू पर परभाती॥

# 36. अवमूल्यन (ग़ज़ल)

कोई तो आकर पूँछे कि, कैसे हो तुम |
हुआ कुछ परिवर्तन याकि, वैसे हो तुम ||
आँख को बंद किये , सोचते पड़े हो क्यों ?
एक बृक्ष खड़ा सूख रहा , ऐसे हो तुम |
बैल कोल्हू का चल रहा , आँखें हैं ढँकी
मंजिल का जिसे भान नहीं, तैसे हो तुम |
तपिश कम हो रही अब, दिन है ढलने को
डूबने जा रहे सूरज , जैसे हो तुम |
हुआ है अवमूल्यन , मोड़ है जीवन का
गई बात अब रुपया की, पैसे हो तुम ||

# 37. गड़्ढे का पानी (गीत)

बदरी से तो गिरे साथ ही ,पर कैसे तुम सिमट गए ?
सब कण आगे बढ़े- बहे ,तुम रूककर क्यों ठहर गए ?

जल-कण बढ़े बनी धारा

नाला, सरिता और किनारा |

कुछ धार बढ़ी अमृतमय बन

आल्हादित कर कृषकों का मन

मनचाहा सींचा फसलों को

जीवन देती सब बृक्षों को

पर यह कैसा तेरा अस्तित्व ,सब देख तुझे क्यों लांघ गए ?

संभवतः तू अंतर्मुख है

निश्चित ही अभाव का दुःख है

पीकर तेरे आंसूं धरती

होकर आर्द्र सभी कुछ सहती

कूपों को है मिलता जीवन

तुझसे ही हर्षित अंतर्मन

मत देख बाह्य आडम्बर को , सब बदलेगा दो - पहर गए||

# 38. गिला (ग़ज़ल)

अपने सारे गैर हुए , अब करें किससे गिला |
सह न पायेगा कभी , दर्द अपनों से मिला ||
       जिसकी हर ईंट सनी खून -पसीना से मेरे
       ठोकरें उससे ही लगीं ,हो गया बंद किला ||
समझा था उनको पाकर, दुनिया की दौलत मिल गई
मधुर मुस्कान चाही जब, उनसे आंसू ही मिला |
       सोचा था साथ रह , आसमां के फूल भी तोड़ें
       आसमां ही भरभराए , फूल तब कैसे खिला ?
रहके आगे तुम्हीं ने तो , है कंदील दिखाई
मंजिल करीब देखकर , थम गया है काफिला |
       उफना रहे जजबात मगर , खुल सकी जुबां नहीं
       अश्क बह बयान हैं करते , पर पत्थर-दिल न हिला |
सोचा मिलेगा उनके , अधरों से अमृत दोषी
पर होंठ खुलते ही दिया , उनने जहर- घूँट पिला ||

# 39. कब मिलेंगे (गीत)

आज तो तुम चल दिए हो , पर बताओ
                अब कहाँ औ कब मिलेंगे ?
बेल जो तुमने लगाई है बताओ,
                फूल उसमें कब खिलेंगे ?

आतप-पीड़ित था मैं निर्जन,
जिसे साथ देकर सरसाया ।
सूख चुकी थी पूरी धरती ,
राहत दे पानी बरसाया ।
चातक तो अब भी प्यासा है ,यह बताओ
                मेघ स्वाती कब फिरेंगे ?

कभी टूट जाता मैं निश्चित
हाथ न जो लगता ऐ माली ।
तूने सींच-संवारा उपवन
पर अब लगता खाली-खाली ।
सुरभि संग ले तुम जाते हो, यह बताओ
                हास के अलि कब घिरेंगे ?

इस वाणी में गीत कहाँ थे
विथकित रहा अनाम अकेला ।
ऊँगली पकड़ चलाया है , फिर
छोड़ दिया है भीतर मेला ।
भाव लेकर चल दिए हो , यह बताओ
                मूक-स्वर से कब तिरेंगे ?

# 40. आदत (ग़ज़ल)

उनकी आदत है , सच छिपाने की |
अपनी आदत है सब बताने की ||

है सभी ओर बातों का समुन्दर
बात कुछ तो करो ठिकाने की |

अबतो स्याही में भी सफेदा है
आम है बात इस जमाने की |

चिकनी बातों में मिलावट पगती
जैसे हर जिंस हो किराने की |

कसम खा ,सालों पुराने बीज को
हुई आदत नया बताने की |

मिलके उनसे सभी ये गुर सीखें
माल बाजार में खपाने की |

है पुराना ये ज़माने का अमल
साथ गेहूं के घुन पिसाने की |

वाक्य आधा है तो दुविधा निश्चित
शब्द लिख-लिख उसे मिटाने की |

दौड़ना है तो सावधानी रख
कुछ की है चाल बस गिराने की |

हम तो टूटे हैं , क्या ज़रूरत फिर
दिले-बीमार को सताने की ||

# 41. ज़िंदगी (गीत)

जिंदगी एक प्रीत बनकर रह गई |
कान में चुपचाप कुछ वह , मीत बनकर कह गई ||
   भोर जागा चल दिए पग , बांग सुनकर
   शाम लौटा नीड़ में , मैं बहुत थककर
ग्रीष्म -पावस-शीत ऋतु में , अनवरत ही
ज़िन्दगी एक रीत बनकर रह गई |
   पग शिखर की ओर उन्मुख , भूल फिसलन
   कंटकों को रौंद डालूँ , देख स्नेहिल वे नयन
हो सके तो गुनगुनादो , होंठ में ही
ज़िन्दगी एक गीत बनकर रह गई |
   तूने कहा तो रह लिए,जिस किसी तरह
   प्रतीक्षा के घूँट कड़ुवे , सब लिए सह
होता रहा संघर्ष, निशि- दिन मृत्यु से ही
ज़िन्दगी एक जीत बनकर रह गई |
   होंठ की मुस्कान , बंधक हो गई है
   दृष्टि है असमान , निजता खो गई है
जब बनें सम्बन्ध सारे , स्वार्थ से ही
जिंदगी एक क्रीत बनकर रह गई ||

❧❧❧

# 42. छलावा (ग़ज़ल)

ज़िंदगी खूबसूरत एक छलावा है |
जी लिए साथ तेरे , अब अलावा है ||

दौड़ते - फिरते रहे , रातों-दिन बेकल
अब ये जाना-समझा ,सब भुलावा है |

हैं सिमटते जा रहे , वस्त्र युवतियों के
अब नए फैशन का ये पहिनावा है |

अभी तक तो खास कुछ, न कर पाए हैं हम
पर जो किया ,ठीक किया , न पछतावा है |

न जाने कब से होंठ हँसी भूल चुके
मुस्कराहट सामने , यह दिखावा है |

हो गए हैं बहुत दिन, आये बेटी को
कर लो तैयारी , आ रहा बुलावा है |

ज़िन्दगी जीतती रही , मौत से अबतक
क्या पता कब आखिरी, उसका धावा है ||

# 43. सूखी माला (गीत)

आहत शिथिल उँगलियों से
तन्द्रिल-बोझिल पलकों से

अर्ध-रात्रि तक गुंथी गई
जल-प्लावित कर रखी गई

विक्रय हेतु प्रतीक्षित माला
है कोई क्रय करने वाला |

मंदिर उन्मुख हर कर में
उसे बेचने के प्रयास में

वह बृद्धा असहाय दृष्टि से
चाह रही हर आगंतुक से

काश कोई तो लेता माला
लगी सुलगने चिंता-ज्वाला |

क्षुधातुरा आँखों को किंचित
धूमिल आशा करती सिंचित

मंदिर-पट अब बंद हो गए
आय-श्रोत निष्पंद हो गए

पिचका पेट , होंठ में ताला |
बिना बिके हा , सूखी माला |

दुर्भाग्य रहा है यह किसका ?
हार में गुन्थित पुष्पों का ?

झुर्री में लिपटी काया का ?
रक्तिम ऊँगली की पोरों का ?

जग क्या निर्णय करने वाला ?

दोष किसे है देने वाला ?

ऊँगली तो हा रक्त नहाई
सुई चुभन का दर्द मिला

फूलों की कीमत कर्ज बन गई
मूल्य किसी श्रम का न मिला

हर उजला अब दिखता काला
आँखों में तो छाया जाला |

फूलों का जीवन व्यर्थ गया
मालिन का श्रम अरु अर्थ गया

नेत्र पथराये बृद्धा के
आंसू सूखे सभी पुष्प के

सिसक उठी सूखी माला
क्यों सबने मुझको है टाला ?

धिक् जीवन कितना अर्थहीन
किसी कार्य में नहीं आ सका

देव-शीश क्या सधवा वेणी -
या शव को भी नहीं पा सका

न हुई बिदाई की माला
कहला न सकी मैं वर-माला |

नेताओं की ग्रीवा तक भी
मेरी पहुँच नहीं हो सकी

गजरा बनकर वेश्यालय यदि
चाहा जाना नहीं जा सकी

सभी सहा हिम-आतप-पाला
यह जीवन-मूल्यों की माला ||

# 44. अवसाद (ग़ज़ल)

नहीं कोई भी आस-पास रहा |
घुप अँधेरा नहीं उजास रहा ||

हैं सभी व्यस्त सिमट अपने में
खोलकर द्वार मन उदास रहा |

जाके मेले में पुकारें किसको
सब रहे आम , नहीं खास रहा |

गला अब रुंध गया , आई हिचकी
होंठ खुलते ही तो उच्छ्वास रहा |

कितनी बातें थीं ,होतीं हँसते
हुए हैं गंभीर , नहीं हास रहा |

कुछ न सूझे अब, अवसाद से घिरे
चुप हो बैठे , नहीं उल्लास रहा |

मिटे मैदान बन रहे हैं मकां,
पशु पन्नी खाते , नहीं घास रहा

है खाता पहले पाला पिल्ला
देखती गाय नहीं ग्रास रहा |

कितनी प्लेटें थीं सजाई उनने
पर हमारा तो उपवास रहा |

है मचला बच्चा , पकडे चम्मच
ब्रेड है सूखी , नहीं सास रहा |

दे न पाए हैं प्रतिशत उनको
खुश कभी हमसे नहीं बास रहा ||

# 45. मील का पत्थर (गीत)

सब तो आगे बढ़ गए, पर है वहीँ ही वह अड़ा |
राह पर भटके हुओं का , था पथ-प्रदर्शक बन खड़ा |
चाह है मंजिल की जिसको, वह आँख उसपर दे गड़ा |
हर पथिक की गति बताता, सिद्धांत से निश्छल कड़ा |
हाय क्या सोचा किसी ने , यह कार्य था कितना बड़ा |
ग्रीष्म-वर्षा -शीत ऋतु से , छाया-रहित रहकर लड़ा |
है मिट रही शब्दावली , युग का थपेड़ा जो पड़ा |
अब न हैं संकेत बाकी, पेट-पीठ पर था जो जड़ा |
हो गया है अब उपेक्षित , बूढ़ा अपाहिज -सा पड़ा |
यद्यपि हुआ है मूल्य कम , पर मील का पत्थर गड़ा||

# 46. बुलाना मत (ग़ज़ल)

जा रहा हूँ दूर सबसे , अब मुझे बुलाना मत ।
अरसा कितना गुज़रे , पर मुझे भुलाना मत ॥

दिल के दौलत की करती ,रहतीं पहरेदारी
यादें जगती ही रहें , अब उन्हें सुलाना मत ।

थक गया हूँ खोजता , अपनापन चौतरफा
कंधे हो गए बोझिल , अब इनसे ढुलाना मत ।

अश्कों के समुन्दर को, पी लिया मैंने भी
हो गईं खुश्क आँखें अब, मुझे रुलाना मत ।

ज़िन्दगी में रहा आया है , उत्थान-पतन
उम्मीद की दे पेंगें , अब मुझे झुलाना मत ।

जानकर मैंने पत्थर में है सिर पटका
गर पड़ें छींटे लहू के , उन्हें धुलाना मत ।

जेसा भी हूँ रहे आने दो , सहमा-सिमटा
फूट जाऊँगा फुग्गे-सा , मुझे फुलाना मत ॥

❧❧❧

# 47. विकलांगता (गीत)

मिलावटी मंहगाई में जब सभी हो रहे हैं शिथिलांग ।
नगर-ग्राम -झोपड़ -झुग्गी तक , फैला दानव-सा विकलांग ॥
सत्य बना अब तो रहस्य है ,कृत्रिमता को सजाना है ।
मूल दब गया गहरी धरती, अब यथार्थ झुठलाना है ।
रक्त-विषैला रग-रग रिसता , कौन भला अब है सर्वांग ॥
मिलावटी खाद्यान्न -तेल-घी, खाद-बीज-औषधि औ मदिरा ।
मिलावटी हर खान -पान है , बनावटी मुस्कान है निरा ।
सिन्दूरी लाली है मिलावटी, रक्त से भरना सीखो मांग ॥
नकली ही सब हाव -भाव हैं , नकली दिखते हैं सब चेहरे ।
नकली तो अब हाथ-पाँव हैं ,नकली से लगते हैं ठहरे ।
विष भी शुद्ध कहाँ मिलता है,सब युवक हो रहे हैं कृशांग ।
मंहगाई से चटख रही हैं , रीढ़ -अस्थियाँ धीरे-धीरे ।
निम्न और मध्यमवर्गी सब, टूट रहे हैं धीरे-धीरे ।
सोच यह क्यों डगमगाए , अब नकली लगवाएं टांग ॥
हाथ-पाँव और नाक-कान , सब कुछ कृत्रिम बन जावेंगे ।
जुड़े हुए उन पांवों से चल , हाथ कमा कितना लावेंगे ।
इसी तरह यदि रही मिलावट, होंगे बच्चे भी विकलांग ॥

# 48. लहर (ग़ज़ल)

आज आई भूली -भटकी , ये ख़ुशी की लहर |
मन कहता कहदें उससे, कुछ दिनों और ठहर ||

              चेहरे पे आ गई रौनक , लगा जी लेंगे
           जाने की बात कहकर वो, ढा देते कहर |

सूखते जा रहे खेत सभी ,बगिया मुरझाई
नई आशा जागी उमगी, आ गई है नहर |

              जाने लगे तो मुड़के हमें, देखा भी नहीं
             याद आते रहे आयेंगे , वो शामो-सहर |

होती नहीं हैं बातें , अब मोबाइल पर भी
मैसेज से भेज देते पता, और नाम शहर |

               सबने है झपटा - छीना, अमृत की बूँदें
          अपने लिए बचा है फकत , एक प्याला ज़हर |

वैसे हैं व्यस्त बहुत सिमटे , अपने में लेकिन
याद उनकी बहुत आई थी , कल बीते पहर ||

❧❧❧

# 49. मेघों से (गीत)

सच मानो सूखे सावन की , उजियारी रातों में
हमने तुम्हें बुलाया है , तुमने हमें भुलाया है |
कुंचित-केशी किसी यक्षिणी की नीली आँखों से शायद -
जल-धारा बह रही देख तुम , अन्य देश में अटक गए हो |
यक्ष ढूंढते गिरि-श्रृंगों में , वाहक विरह-सन्देश -भार बन -
निश्चित ही संवेदित होकर, दिशा भूल तुम भटक गए हो |
पर कितनी प्रोषित-पतिकाएं , मेंहदी-चित्रित हाथों के -
संकेतों से हैं कहतीं- चतुर्मास नहीं आया है ,
तुमने प्रिय बिलमाया है | तुमने हमें भुलाया है ||
धरती देख रही है ऊपर , मौन-भाव सहती शूलों को |
लतिकाएँ सब सूख रहीं हैं , बगिया भूल रही फूलों को |
हरियाली है नहीं दीखती , गलियां उड़ा रहीं धूलों को |
सावन बीता प्रिय नहीं आये , सखियाँ सोच रहीं झूलों को |
पीले मुरझाये अंकुर के जीवन-रक्षा से आशंकित -
कहती है प्यासी धरती -हलधर अब सकुचाया है -
कृषि-कार्य बिसराया है | तुमने हमें भुलाया है ||
सावन बीते आये तुम जल-धारा लेकर ,लेकिन रुष्ट
बड़ी मिन्नतों बाद हुआ ज्यों , मात्र पुत्र हो जावे दुष्ट
इतने बरसे तुम कि सभी, भय-ग्रस्त हो गए
सरिताएं सब उमड़ पड़ीं , जन-त्रस्त हो गए
जन-धन की हानि सड़ी फसलें, भवन गिरे सब गाँव बह चले
चिपका शिशु को माँ बहती, बर्बर तू मुस्काया है |
हँसते हुए रुलाया है | तुमने हमें भुलाया है ||

सभी बुलाते उसको ही , जिसमें अपनापन होता है
दर्द सुनाते उसको ही , जिस दिल में क्रंदन होता है
प्रेम-स्नेह नहीं है जब तो , संबंधों को क्यों दुलराएँ ?
वर्तमान सहने को काफी, फिर अतीत को क्यों दुहरायें ?
अबतक भी तुम गरज रहे हो, तुम्हें सुनाएँ क्या हम अपनी
पोषक से विध्वंसक बनकर , तुमने सभी बहाया है |
रिश्ते सभी मिटाया है | तुमने हमें भुलाया है ||

# 50. शाम (ग़ज़ल)

कह रही शाम सूरज से, तू ज़रा देर से ढल |
झांकता चाँद घूंघट से, आसमान में बेकल ||
       मेरे जीवन में तेरा ,साथ रहा कितना कम
       रात धकियाती कुचलती , मेरा फैला आँचल |
मेरा अस्तित्व मिटेगा, तेरे चले जाने पर
अतीत कह बताये मुझको, आने वाला वो कल |
       जाते-जाते गगन में , लालिमा तुमने बिखेरी
       छिपी बैठी ओट में , कालिमा के आ रहे पल |
कहते हैं शाम होगी तो , सुबह होगी निश्चित
सूर्य कहता- चलते- चलना , नियति का है क्रम अटल ||

# 51. कपोत (गीत)

हे कपोत, अब तुमको ही , यह पत्र मेरा ले जाना होगा |

डाक- भार बढ़ गया है देखो

बेरोजगार हैं प्रिय , यह सोचो

बोझिल हो उपाधियों से

अनवरत भटकते परदेशों में |

सोच रहे होंगे वे निश्चित

क्या लिखूं उन्हें, वे स्वयं दुखित

कैसे कह दूं , अपनी मन-स्थिति ?

हो जावेंगे वे और व्यथित |

मेरी विनती सुन याद करो

पिछली शताब्दियाँ लौटा दो

सभी कुशल है, इतना ही बस , सन्देश मेरा पहुंचाना होगा||

वृद्ध-देह वह पड़ी हुई है ,

एक कोने में गठरी-सी

झुर्रियों में आँखें धंसी हुई

उनको तकती अनकही-व्यथा पी |

धरती को बेच पढ़ाने में

कितने कष्ट उठाये हैं ?

उन्हें इंजीनियर बनाने के

कितने स्वप्न सजाये हैं ?

देख-देख कर सपने अब तो

बृद्धा आँखें हैं पथराई

कैसे लिखूं उन्हें ये बातें, आंसूं-कण ही ले जाना होगा ||

इतिहास -पृष्ठ में तुम अंकित
फिर वाहक बन जाओ जग-हित
सत्कर्मी अब तुम्हीं बताओ,
शेष बचे कुछ ही पैसों को

औषधियों पर खर्च करूँ
या डक-खर्च पर पत्र लिखूं
मैं घिरी हुई हूँ अवशेषों में
सिन्दूर लगा सूखे केशों में

स्याही भी नहीं लिखूं कैसे
बृद्धा को धैर्य मिले कैसे ?
कोरा ही कागज़ लेकर अब, हे नभचर, उड़ जाना होगा ||
पत्राचार मिलन आधा है
डाक-भार बढ़ती बाधा है |
युवकों में बृद्ध हताशा झांको
पूंछो मत, पढ़कर आंको |

शिक्षा लेकर भटक रहे उन
व्यय से भारित थके नयन में |
कितनी राशि अपव्यय होती
सेवाओं हित आवेदन में |
रोज़ी-रोटी पर्याय बन गईं
डिग्रियां सभी परिहार्य बन गईं |
युग को साक्षी रख हे कपोत , मधु का दंडवत बताना होगा||
यह पत्र मेरा ले जाना होगा ||

# 52. तमाशा (ग़ज़ल)

लोग हँसते हैं , तमाशा, न बनाओ मुझको ।
रहे आने दो रुआंसा , न मनाओ मुझको ।
शोर निर्माण का फैला, कितना चौतरफा
आवाज़ किसी ढहने की , न सुनाओ मुझको ।
टूटा पहले से ही हूँ , मैं कई हिस्सों में
पहचान रही आने दो न हटाओ मुझको ।
रहें बढ़ते रिश्ते मंजिल के जीनों जैसे
उनमें आती दरारों को , न दिखाओ मुझको ।
ज़िन्दगी रही आई एक ,उलझी पहेली
व्यर्थ में जोड़कर मजमा , न बुझाओ मुझको ।
पड़ा ही रहने दो किसी एकांत कोने में
अब किसी के भी लिए तो, न बुलाओ मुझको ।
मैंने उम्मीदों की गठरी बाँधी देखो
साथ उसके तिनके जैसे , न जलाओ मुझको ।
मैं खड़ा चौराहे, सोचता किधर जाऊं
अब आके कोई रास्ता न बताओ मुझको ।
वक्त ने लगा दिया , मरहम सभी घावों पर
फिर कुरेद करके उन्हें , न सताओ मुझको ।
कई रातों के बाद ,नींद आज आई है
सपनों में वो आयेंगे , न जगाओ मुझको ।
यादों की दरिया में सैलाब है अश्कों का
डूबता जा रहा हूँ अब , न बचाओ मुझको ।।

# 53. राम-मंदिर (गीत)

एक विदेशी पूंछ रहा था ,
इक्केवाले मुसलमान से |
अयोध्या में क्या दिखलाओगे ,
सच-सच बतलाओ तुम ईमान से ?

मुसलमान यहाँ पर हैं कितने ,
उनकी रोज़ी का जरिया क्या ?
फैजाबाद उतरनेवाले कितने,
यात्री हैं ,धर्म है क्या?
सच-सच बतलाना क्या खरीदते,
हैं वे इन सारी दूकान से |

इक्केवाला लगा सोचने ,
यह है विदेश का क्या देखेगा ?
राम यहाँ पर जन्मे हैं ,
उनका महत्व यह क्या समझेगा ?
फैजाबाद मुसलमानों का ,
रोज़ी का जरिया फकत राम से ||

राम हमारे साधन हैं ,
इक्के - घोड़े का दाना हैं |
सारे यात्री हैं राम-भक्त ,
उनका ही आना-जाना है |
दूकानदार सब उनसे ही,
लाभ कमाते राम-नाम से ||

अयोध्या का हर घर ही ,

सुन्दर मंदिर -सा लगता है
कण-कण है जुड़ा राम से ही ,
हर ज़र्रा राम में बसता है |
दुनिया में राम को जाने जो,
वह परिचित होगा अवध-धाम से ||

ठहरो पहले यह बतलाओ ,
क्या बाबर भी रहा यहाँ ?
क्या वह राम से पहले था ,
या राम-राज्य के बाद रहा ?
अयोध्या में है कौन प्रमुख ,
जानी जाती वह किसके नाम से ?

इक्केवाला देख रहा था ,
भौंचक्का हो उस यात्री को
अज्ञानी यह तौल रहा है ,
भगवान राम और बाबर को |
बाबर तो एक हमलावर था,
मस्जिद है बनी उसी नाम से ||

तुमने पूछा है मुझसे सच,
हम सीधे-सादे इंसान बस |
अज्ञान शिकारी फंदों से ,
रोज़ी-रोटी है राम से बस |
रोटियां सेंकते राजनीति की,
जो प्रमुख बन गए धर्म-ज्ञान से ||

बाबर का पूरा नाम है क्या ,
बेखबर आम और दीन रहे |
तारीख याद भी रही नहीं ,
फिर सुख-सुकून क्यों छीन रहे ?

हमें तमन्ना राम-राज्य की ,
उतरें हमले की मचान से ॥

राम का मंदिर बने बड़ा-सा ,
मस्जिद भी बने अलग से ही
हिन्दू-मुस्लिम दोनों भाई ,
गले मिलें है चाह यही |
सरकार मदद दोनों को दे ,
तो मंदिर- मस्जिद बनें शान से ॥

# 54. साख (ग़ज़ल)

कुछ हसीं ख्वाब तो आने दो , जगाओ मत |
साख अपनी किसी दांव पर, लगाओ मत ||
     दीन-दुखियारे दलित हैं, और अकिंचन
     आ पड़े द्वार तेरे , उन्हें भगाओ मत |
है युवा-शक्ति सोच-संकल्प है ऊंचा
राह पर्वत पे निकालें , डगमगाओ मत |
     भले दीपक की तरह , क्षण भर ही चमको
     पर एक जुगनू -सा उड़ , जगमगाओ मत |
स्वार्थ है बहुरंगा, चिकनी-चुपड़ी हैं बातें
ऐसी दुनिया में किसी से , भी ठगाओ मत ||

# 55. बूढ़ी-बरसात (गीत)

आज हुई सराबोर ये ,
कुआंरी बूढ़ी बरसात |
मुँह लगाकर कान में कुछ ,
कह रही मीठी-सी बात |

तीन मॉस तक ललक रही
मेघों से करती मैं विनय |
मेरी चाहत भरे नयन
समझ रहे कृषकों के अनुनय ||

अपूर्ण लालसा में बूढ़ी ,
रही प्रतीक्षित कम्पित गात ||
गरज-तरज कर सभी मेघ,
पवन के झोंकों से बहके |

खिलना था पूर्व कभी जिनको,
अबतक भी वे नहीं महके |
उम्र बढ़ी रह गई कुंवारी,
आई आज अभीक्षित रात ||

# 56. अनचाह (ग़ज़ल)

हमने जो नहीं चाहा, वही मिलता आया |
जख्म जो भरना चाहा, वही छिलता आया ||

       हमने जिसको नकारा, वही सामने खड़ा
       फूल जो था अनचाहा, वही खिलता आया ||

नौकरी नापसंद जिसे, मना किया हमने .
वक्त ने ली करवट , जिससे फिसलता आया ||

       आशियाँ भी बनाना नहीं, चाहा था जहाँ
       लाख की भांति बना घर , वो पिघलता आया ||

रहे सब चाक करते , मेरे दिल को बारहा
न निकले आह होंठ भींचे, मैं सिलता आया ||

       हो जायेंगे सुरक्षित , दृढ़-स्तम्भ पकड़कर
       जब आया बवंडर तो वह, भी हिलता आया ||

सोचा था मिठास घुले ,न कडुवाहट होवे
मिला रसहीन निवाला , जो निगलता आया ||

# 57. आभार बहुत (गीत)

संदेह ने लिया है अब आकार बहुत |
मुंह खोल उसने है दिया आभार बहुत ||
<br>हमने ही यहाँ लाके बिठाला जिनको
<br>पाने लगे हैं वे ही तो सत्कार बहुत |
क्या बचा पाएंगे हम अपनी गर्दन
उठीं हर ओर से जब , तलवार बहुत |
<br>रहे करते वे समर्थन , सदैव मंचों पर
<br>दिखाते रहे आये हैं चमत्कार बहुत |
कार्य बिगड़े तो अकेले , अगुवा दोषी
वैसे है भीड़ और नमस्कार बहुत ||

# 58. क्या किया जाये (ग़ज़ल)

सोचते हैं कि क्या किया जाए ?
प्रश्न है किसतरह , जिया जाये ?

उनके निर्देश हैं कि चुप बैठें
होंठ को किसतरह सिया जाये ?

अबतो अमृत सभी ने बाँट लिया
शेष विष किसतरह पिया जाये ?

अर्गलायें लग रहीं जब धर्म पर
नाम अब किसतरह लिया जाये ?

मित्र ही घोंप रहे जब खंजर
शत्रु को श्रेय क्यों दिया जाये ?

# 59. कच्ची- ज्वार (गीत)

कच्ची ज्वर नहीं खा मैना, यह नुकसान करेगी |
पकने पर सच मानो बहना, रोटी बना खिला दूँगी |
छोटे-छोटे कौर तोड़कर
दूँगी मैं तुझको खाने को
और अगर हिचकी आएगी
दौड़ूँगी पानी लाने को
झिरिया-पानी अंजुरी भर-भर , तुझको भरपेट पिला दूँगी ||
मेरे भैया ने सौंपा है -
मुझको इसकी रखवाली |
ज्वार के भुट्टे लटके हैं
मेरी नज़र है डाली-डाली |
चोरी तो पकड़ी जाएगी , दिखला जेल-किला दूँगी ||
तुझे नहीं खाने दूँगी मैं
ज्वार अभी बिलकुल कच्ची है |
भूल से नहीं समझ लेना कि-
यह तो छोटी -सी बच्ची है |
तोता जीजा को अभी बुला, अच्छी सजा दिला दूँगी ||
मेरी भाभी घर पर बैठी
यह इलज़ाम लगा सकती है |
ज्वार फसल सब जूठी हो गई -
कह पूरी फिकवा सकती है |
कही मान जा प्यारी मैना, घाँघरा तुझे सिला दूँगी ||
हाँ , यह भी तो पहले बतला,

आज अकेली क्यों आई है ?

उड़कर देख कहाँ है मोरनी,

आज कहाँ वह भरमाई है ?

मोर-मोरनी , तोता-मैना , सबको यहीं मिला दूँगी ॥

रोटी बना खिला दूँगी ॥

# 60. तेरे द्वार (ग़ज़ल)

आ गया द्वार तेरे , न घबराओ |
सामने आके मेरे , न कतराओ ||

तेरे पथ पर पग रखे नहीं मैंने
पथ ही घूमा निश्चित, न इतराओ ||

देखा मुझे तो क्यों आँखें तरेरीं
झुकालो नज़रें, गर न मुस्काओ ||

बैठना चाहता हूँ दिल के अन्दर
कुर्सी मेरे सामने न सरकाओ ||

सोचा जो अच्छा , कर डालो फ़ौरन
बातें अनिश्चित कल पर , न टरकाओ ||

# 61. उम्र - सीढ़ी (ग़ज़ल)

उम्र सीढ़ी हो खुशगवार बहुत ।
जिंदगी पाती रहे प्यार बहुत ॥

कोई मौसम न करे तब्दीली
चप्पा -चप्पा हो पुरबहार बहुत ।

रहें चलते ही कदम मंजिल तक
थकते वे हैं जो लाचार बहुत ।

रात डूबी है, जो सियाही में
एक शमा का है इंतज़ार बहुत ।

हैं सभी रोटियां खानेवाले
एक पिल्ला है वफादार बहुत ।

बोझ घटता किसी से कहने पर
अनकही बात का है भार बहुत ॥

जुल्म सहना गुनाह होता है
ऐसे दोषी हैं गुनहगार बहुत ॥

# 62. ज़ख्म (ग़ज़ल)

उनसे हर रोज़ जख्म मिलते हैं |
चाक होते हैं जिगर छिलते हैं ||

कैसे दमघोट हकीकत देखें
ख्वाब में ही तो कँवल खिलते हैं ||

क्यों भला आपने झुकालीं नज़रें
आँखें कहती हैं होंठ हिलते हैं ||

बेखबर रेशमी लिबास पड़े
कितने पैबंद रोज़ सिलते हैं |

अब न शिकवा किसी से है दोषी
हो गुनहगार गले मिलते हैं ||

# 63. हार से प्यार (गीत)

जीतकर भी हार से वे ,प्यार करने लग गए हैं |
हो गया है लक्ष्य सोना , त्याग सोना जग गए हैं |
नभ छूती अंगड़ाई ले , उठीं महत्त्वाकांक्षाएं
होगया आकाश रीता , उतर नीचे खग गए हैं |
क्यों करें चिंता किसी की , मिल गया उनको सभी-कुछ
रहने दो कीचड़ की गली , राज-पथ पर पग गए हैं |
आर्त होकर जब पुकारा , अनसुनी करते रहे वे
आज जब सबने सुनाया , मंच से वे भग गए हैं |
यह पलटता नियति-क्रम है , जीवन एक मधुर भ्रम है
आज पाकर स्वयं दोषी, लाज से झुक दृग गए हैं ||

# 64. ईद का चाँद (ग़ज़ल)

कितनी बेसब्र निगाहें थीं ढूढ़ने के लिए |
कितने बेताब वो लमहा थे , देखने के लिए ||
कोशिश -ए हरचंद रही, चाँद का टुकडा न दिखा
लब तो प्यासे ही रहे, प्याला चूमने के लिए |
  हमने पीली है आँखों से छलकती मय को
  होश बाकी ही नहीं , अबतो झूमने के लिए |
वो तो वोटों के ही खातिर बने हैं संजीदा
वर्ना चकरी है फकत, गिर्द घूमने के लिए |
  राह हमने ही बनाई है , भले पथरीली
  हाथी चलते ही रहे , कुछ थे भोंकने के लिए |
लग गया है खून , उनके होठों पर ताज़ा
कितने हैं खड़े भेड़िये , एक मेमने के लिए |
  शोर कितना ही मचाएं , मगर है बेमानी
  एक चना ही तो बचा , भाड़ फोड़ने के लिए |
धागे को भी जोड़ें , तो पड़ जातीं गांठें
लायेंगे क्या वे अब, दिल को जोड़ने के लिए ||

# 65. अनाचार बहुत (गीत)

भाव है एक शब्दकार बहुत ।
दृश्य है एक कलाकार बहुत ॥

अब तो बैठे हैं हम किनारे पर
नदी है एक जल की धार बहुत ।

उनकी है मात्र यही अभिलाषा
सिर रहे एक पुष्प-हार बहुत ।

कर्तव्य में नहीं कोई आकर्षण
मैं रहूँ एक , हों अधिकार बहुत ।

सहते रहकर भी बने हैं दोषी
पीठ है एक अनाचार बहुत ॥

# 66. मेरी राह (ग़ज़ल)

रात भर जाग मेरी राह देखते होंगे |
करवटें लेते हुए आह फेंकते होंगे ||
वायदा कैसे निभे , सैयाद ने है घेर लिया
सुबह होते ही छत पर , काग हेरते होंगे |
है महक फैल रही चारों तरफ संदल की
नाग जहरीले मलय-तरु , लपेटते होंगे |
कभी मुस्कान तो कभी, आँखें छलकतीं होंगी
आ रही याद के साए ही , छेड़ते होंगे |
कितना समझाएं मगर कहलायेंगे दोषी
ख़त बिना लिखते हुए चाह भेजते होंगे ||

# 67. किरकिरी (गीत)

आँख का अंजन नहीं मैं बन पाया
किरकिरी बन के अब तो बैठा हूँ ।

       लाख चाहो भी, मैं निकलूंगा नहीं
       दिल की गहराइयों में , पैठा हूँ ॥

तुमने चाहा मैं बदल लूं राहें
जलके रस्सी की तरह ऐंठा हूँ ।

       ज़िन्दगी जीत रही मौत से हर-दिन
       स्वप्न साकार हों , नहीं रूठा हूँ ।

सारी कडुआहटें मैंने पी लीं
दोषी पाओगे कि मैं मीठा हूँ ॥

# 68. रेत की दीवार (ग़ज़ल)

उनके होठों पर मुस्कान छलकती देखी |
दृष्टि नीची रही थी, आज वो उठती देखी |
      जिनके चेहरे रहे आये थे मुरझाये-लटके
    उनमें खुशियों की लहर ,आज मचलती देखी |
हालत पर रहम खा , जिनको कभी था बख्शा
बदले की आग उनके दिल में , सुलगती देखी |
     अपने अनुकूल रही आई हवा , जो अबतक
    आज विपरीत दिशा, उसकी बदलती देखी |
जिस दीवार पर टिके थे , फौलादी समझकर
रेत-मिटटी की तरह , उसको भसकती देखी |
     कंधे पर हाथ रखना , उनका जो मित्रवत
    इतना पड़ा दबाव कि, कमर भी झुकती देखी |
झुक गया पैरों तक, फिर भी न कुछ हो पाया |
दोषी कहला रहे , तकदीर बहकती देखी ||

# 69. माली (गीत)

स्नेह-जल से सभी सींचे गमले
सब उन्हें कहने लगे हैं माली |

        कॉपलें फूट रही फूलों की
        हर तरफ बिखरी हुई हरियाली |

फूल से लदने लगे सभी तरुवर
नम्र भावों से झुक रहीं डाली |

        रोज घुमड़े हैं मेघ अम्बर में
        जगती आशा है धान की बाली |

बिखरा है अब, सब ओर उजाला
जा छिपीं दूर कहीं रातें काली |

        चमन के फूल खिले झूम रहे
        नाचता मन-मगन बजा ताली |

अब न अंधड़ है न तूफ़ान कहीं
सब तरफ छाई हुई खुशहाली ||

# 70. खाली बोतल (ग़ज़ल)

खो गई है अकड़ झुक गई डाली |
जो होना था हुआ , किसने टाली ||

पहले आदत से लाचार रहे
अब उनके मुताबिक आदत डाली |

हम तो जकड़े रहे उसूलों से
कुछ ने पा मौका बदली पाली |

चल बसी बुढ़िया , छोड़ बूढ़े को
सब उसे कहते , किस्मत वाली |

एक बेटा है , एक है बेटी
रिश्ते गायब , नहीं देवर-साली |

पिओ बाटल से, अब गिलास नहीं
रक्खी प्लेटें हैं , गुम गईं थाली |

जिंदगी बैठ रही है थककर
सबकी मिलने लगीं हैं अब गाली |

उनकी बाढ़त है बहुत तेजी से
हो रही शंका , काम है जाली |

हुए आदी नहीं कोई शिकवा
साथ चलती रही ये बदहाली |

शाम आई है, शमा पास नहीं
डूबते सूर्य की नभ में लाली |

सब की चाहत थी , जब भरे थे हम
आज लुढ़के जैसे , बोतल खाली ||

# 71. भूल-भुलैया (गज़ल)

उनको कोशिश कर भी , बिसरा न सके ।
चाह कर भी तो हम , मुस्करा न सके ।

       भटकी भूल-भुलैया में है जिंदगी
       पाकर निशानदेही, चकरा न सके ।

आज देखे गए हैं, वे सरे - महफ़िल
मुंह को ढँक कर पलटे , टकरा न सके ।

       फेर लेते थे जो चेहरा अपना
       आ गए अचानक जब , कतरा न सके ।

तौबा कर ली थी सच , हमने फिर भी
उनके आग्रह को अब, ठुकरा न सके ।

       गुजरीं दशाब्दियाँ उनसे बिछुड़े हुए
       गम में डूबे ऐसे , उतरा न सके ।

टेढ़ी राहें हैं अँधेरा है बहुत
आके थामी बाहें ,घबरा न सके ।

       छोड़ घर-वतन अपना , द्वार पर खड़े
       कहते शरणार्थी मगर, ठहरा न सके ।

मंच ऊँचा है , भीड़ में घिरे नेता
हाथ में लिए माला, पहरा न सके ॥

❦❦❦

# 72. थकन (गज़ल)

थक गए पाँव, चलते-चलते |
आ रही ठांव , टलते-टलते ||

पैर नंगे , तपिश सूरज की
खोजते छाँव, जलते-जलते |

भीड़ भागी , बसी शहरों में
छुट गए गाँव, पलते -पलते |

बीज बोया ,हिस्सेदारी में
है कांव-कांव , फलते -फलते |

गैरों नहीं अपनों के दिए
खुल रहे घाव, मलते-मलते |

है संघर्ष - नदी बर्फीली
थम गई नाव , गलते-गलते |

पेट खाली खड़ा सोच रहा
कम हुआ ताव, तलते- तलते |

है मिलावट, गुमा असलीपन
लग रहे भाव, छलते-छलते |

बंद आँखें हुईं होश नहीं
पड़ गईं झांव, झलते-झलते |

वही साकी , सुराही, प्याला
अब नहीं चाव, डलते- डलते |

आस जगती रही, रातों -दिन
बिछ रहे दांव, ढलते-ढलते ||

# 73. अकेले में (ग़ज़ल)

रो ही सकते हैं हम , अकेले में |
हँसना मुमकिन नहीं , अकेले में ||

गरचे की कोशिश कभी , हंसने की
कहते पागल हँसे , अकेले में |

आँखें खोलें तो सूनी दीवारें
साँसें गिनती घड़ी , अकेले में |

बंद हैं होंठ औ, बंद दरवाज़े
बातें किससे करें , अकेले में |

राह कंटीली दुर्गम , थकान भरी
चलते थम जायेंगे ,अकेले में ||

# 74. आपदा (ग़ज़ल)

उनसे कह दो हमें, न याद करें |
खुश रहें हरदम , न अवसाद करें |

होंठ सीना ही लाजिमी होगा
जिस किसी से कभी , न फ़रियाद करें |

रास आने लगा , अकेलापन
दिल अब उजड़ा है , न आबाद करें |

जो भी सोचा कर डालें फ़ौरन
कीमती वक्त को ,न बर्बाद करें |

रखके धीरज सहें आपद को
टल जाएगी न पहले न बाद करें ||

# 75. वो आयेंगे (ग़ज़ल)

हम उन्हें याद किये जायेंगे |
राह जीने की तभी पायेंगे ||

रहे आते हैं बंद आँखों में
बंद होठों में गुनगुनायेंगे ||

जब भी हो जावें ,पलकें गीली
गीत स्वर- पीर- भरे गायेगे ||

ये दिल शिशु-सा मचला-रूठा
चित्र लेकर इसे बहलाएँगे ||

कोई तो सामने आकर पूँछे
उसे हम हाल-ए-दिल बताएँगे ||

ढूंढते उनको थक गए हैं कदम
कभी मुझ पर वो तरस खायेंगे?

आख़िरी वक्त तक है भरोसा यह -
आँख खोले रखें , वो आयेंगे ||

# 76. कोरोना (गीत)

शेक-हैण्ड को कोरोना ने है ,
बंद कराया |
विदेशियों को भी नमस्ते,
कहना है सिखाया ||

बोसा न ले सकेंगे अब तो ,
उनके हाथों का
अब आदाब ही करना,
वायरस ने बताया ||

बड़ी हसरत से पढने और
कमाने विदेश गए
कोरोना से डरकर भागे ,
मन बहुत पछताया ||

पूरी दुनिया गिरफ्त में ,
आई महामारी के
घर में ही रहें , न निकलें बाहर,
यही समझाया||

प्लेन और ट्रेन बस ट्रक ऑटो,
हैं सभी बंद खड़े
लाकडाउन में बंद दूकानें ,
है व्यवसाय मुरझाया ||

हुईं बंद सभी फैक्ट्री कंपनी ,
बढ़ता घाटा
बेरोज़गारी बढ़ने का भय ,

अब है समाया ||

घर के बाहर ही रहे
आते थे जो अक्सर
लाकडाउन का बीवियों ने है
आभार जताया ||

वर्क फ्राम होम से
तंग हुई हाउसवाइफ पर
घर में रहकर भी वो न बात करें ,
जी घबराया ||

हैं घर में रहकर पापा कहते ,
पढ़ो सारा दिन
साथियों संग पार्क जा,
खेलने को जी तरसाया ||

गर जो निकलें बाहर ,
रखिये सामाजिक दूरी
दूर दो गज रहकर
कोरोना को हमने हराया ||

जूते बाहर ही उतारें ,
करें पाद-प्रक्षालन निश्चित
हाथों को करें सेनिटाईज ,
ये बारहा बतलाया ||

बिना पढ़े बिन परीक्षा के ,
छात्र सभी पास हुए
कोरोना से इस सफलता को ,
अब न कभी बिसराया ||

# 77. महामारी (ग़ज़ल)

पलकों को कैसे बंद करूँ , याद खड़ी है |
धुंधली हुई है दृष्टि मगर, फ़रियाद बड़ी है ||

मंजिल तलाशते -चलते-चला , गिरते-उठते
राहें हैं बहुत लम्बी और ,धूप कड़ी है ||

सभी कहते रखिये धीरज, समय बदलेगा
दुर्दिन में परीक्षा की ये आई घड़ी है ||

एक बुराई ख़तम कर देती सारी नेकी
पानी हुआ प्रदूषित , मछली एक सड़ी है ||

चाह है कोई सहारा तो हो बुढापे में
उनका तो हाथ पकड़े बस एक छड़ी है ||

दो गज की रहे दूरी , मास्क लगा हो मुंह पर
कोरोना की महामारी, अब आन पड़ी है ||

घर में रहिये न निकलिए बाहर , है त्रासदी
भीड़ से बचें तोड़ें ,ये कोविड की लड़ी है ||

# लेखक की अन्य रचनाएँ

प्रकाशित

अधूरे-सपने (कहानी-संग्रह)

प्रकाशनाधीन

'सोने की हथकड़ियाँ (कहानी-संग्रह)', 'खैराती (लघु उपन्यास)', 'रामबोला (नाटक)', 'आँचल की धूप (नाटक)', 'अधिकार, अवज्ञा एवं सन्मति (एकांकी-नाटक)', 'रावण-गाथा'

9 7 9 8 8 8 8 4 9 2 1 7 8